Impressum
Verlag: BABADADA GmbH, Nedderfeld 112 , 22529 Hamburg
Geschäftsführer / Verlagsleitung: Harald Hof
Druck: Books on Demand GmbH, In de Tarpen 42, 22848 Norderstedt

Imprint
Publisher: BABADADA GmbH, Nedderfeld 112 , 22529 Hamburg, Germany
Managing Director / Publishing direction: Harald Hof
Print: Books on Demand GmbH, In de Tarpen 42, 22848 Norderstedt

iskola
school

osztályterem
classroom

oszt
divide

186/2

asztal
board

iskolaudvar
school yard

papír
paper

tanár
teacher

írni
write

toll
pen

íróasztal
desk

vonalzó
ruler

könyv
book

tanuló
pupil

iskolatáska
satchel

tolltartó
pencil case

ceruza
pencil

ceruzahegyező
pencil sharpener

radír
rubber

rajzfüzet
drawing pad

rajz
drawing

ecset
paintbrush

festőkészlet
paint box

olló
scissors

ragasztó
glue

munkafüzet
exercise book

házi feladat
homework

szám
number

összead
add

kivon
subtract

szoroz
multiply

számol
calculate

betű
letter

ABCDEFG
HIJKLMN
OPQRSTU
VWXYZ

ABC
alphabet

szó
word

szöveg

text

olvasni

read

kréta

chalk

tanóra

lesson

napló

register

vizsga

exam

bizonyítvány

certificate

iskolai egyenruha

school uniform

oktatás

education

enciklopédia

encyclopedia

egyetem

university

mikroszkóp

microscope

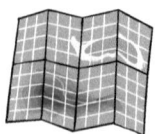

térkép

map

papír-hulladék gyűjtő

waste-paper basket

utazás
travel

hotel
hotel
Grand
szállás
hostel
ROOMS
valutaváltó iroda
bureau de change
bőrönd
suitcase
autó
car

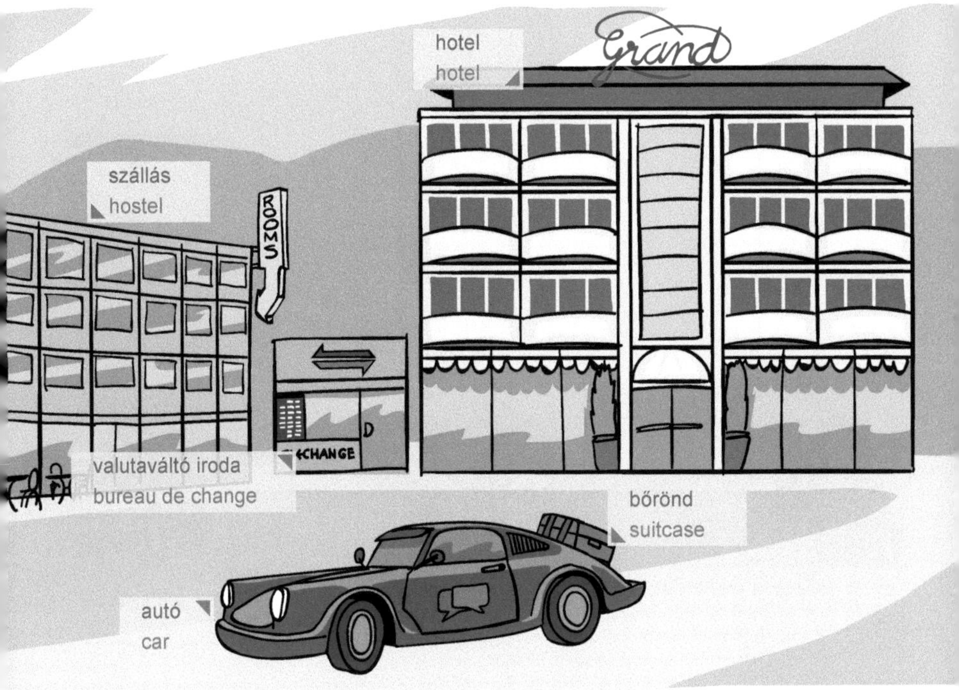

nyelv

language

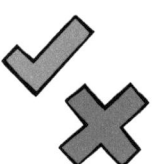

igen/nem

yes / no

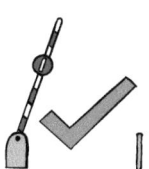

rendben

Okay

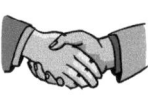

szia

hello

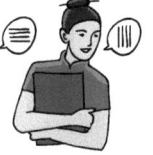

fordító

translator

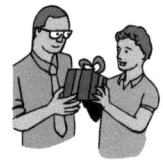

köszönöm

Thank you

mennyibe kerül...?

how much is...?

nem értem

I do not understand

probléma

problem

Jó estét!

Good evening!

jó reggelt!

Good morning!

jó éjszakát!

Good night!

viszontlátásra

bye bye

útirány

direction

poggyász

luggage

táska

bag

hátizsák

backpack

vendég

guest

szoba

room

hálózsák

sleeping bag

sátor

tent

utazás - travel

turista információ	strand	hitelkártya
tourist information	beach	credit card

reggeli	ebéd	vacsora
breakfast	lunch	dinner

jegy	lift	bélyeg
ticket	lift	stamp
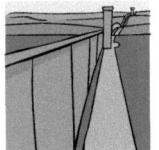		
határ	vám	nagykövetség
border	customs	embassy

vízum	útlevél	
visa	passport	

közlekedés
transport

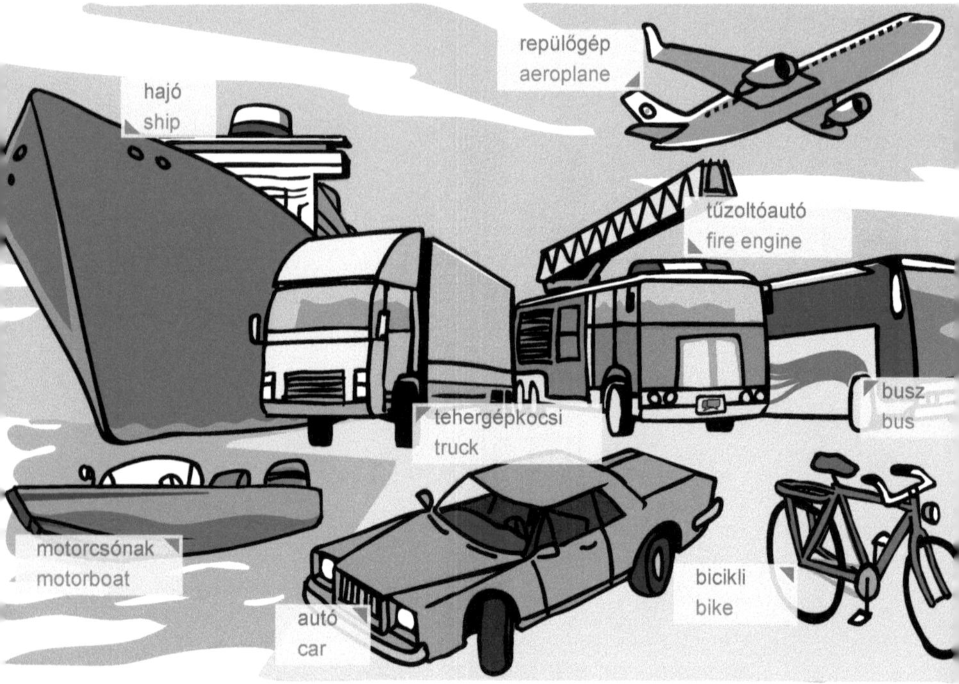
repülőgép
aeroplane
hajó
ship
tűzoltóautó
fire engine
busz
bus
tehergépkocsi
truck
motorcsónak
motorboat
bicikli
bike
autó
car

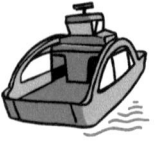

komp
ferry

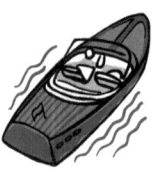

csónak
boat

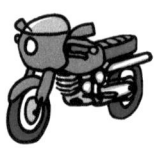

motorkerékpár
motorbike

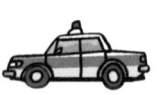

rendőrautó
police car

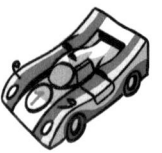

versenyautó
racing car

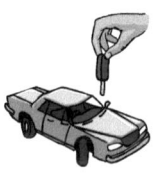

bérautó
rental car

telekocsi	vontató	szemetes autó
car sharing	breakdown truck	refuse truck

motor	üzemanyag	benzinkút
motor	fuel	petrol station

	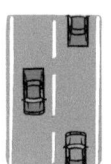	
közlekedési tábla	forgalom	forgalmi dugó
traffic sign	traffic	traffic jam

		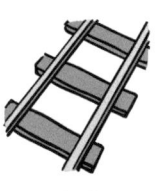
parkoló	vonatállomás	sínek
car park	train station	tracks

	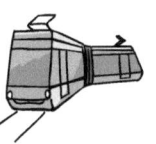	
vonat	villamos	vagon
train	tram	carriage

helikopter

helicopter

repülőtér

airport

torony

tower

utas

passenger

konténer

container

kartondoboz

carton

taliga

cart

kosár

basket

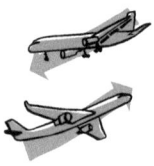

felszáll / leszáll

take off / land

város
city

falu

village

városközpont

city centre

ház

house

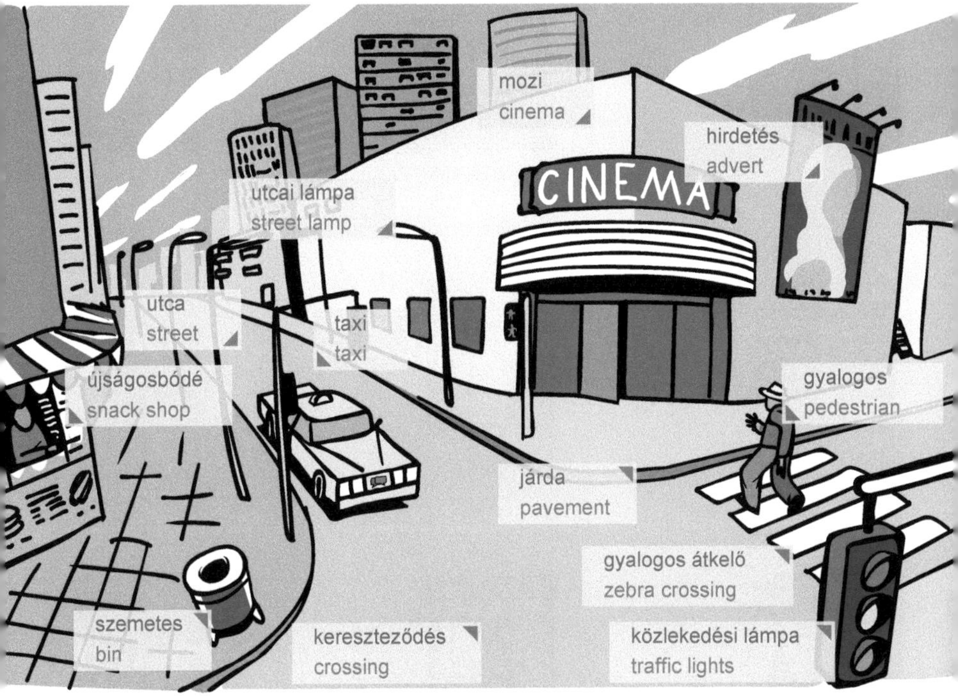

mozi
cinema

hirdetés
advert

utcai lámpa
street lamp

CINEMA

utca
street

taxi
taxi

újságosbódé
snack shop

gyalogos
pedestrian

járda
pavement

gyalogos átkelő
zebra crossing

szemetes
bin

kereszteződés
crossing

közlekedési lámpa
traffic lights

kunyhó
hut

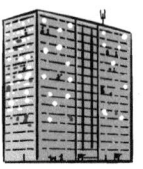

lakás
flat

vonatállomás
train station

városháza
town hall

múzeum
museum

iskola
school

egyetem

university

bank

bank

kórház

hospital

hotel

hotel

gyógyszertár

pharmacy

iroda

office

könyvesbolt

book shop

üzlet

shop

virágüzlet

florist's

szupermarket

supermarket

piac

market

áruház

department store

halárus

fishmonger's

bevásárló központ

shopping centre

kikötő

harbour

park

park

pad

bench

híd

bridge

lépcső

stairs

metró

underground

alagút

tunnel

buszmegálló

bus stop

bár

bar

étterem

restaurant

postaláda

postbox

utcatábla

street sign

parkoló óra

parking meter

állatkert

zoo

uszoda

swimming pool

mecset

mosque

gazdálkodás
farm

környezetszennyezés
pollution

temető
graveyard

templom
church

játszótér
playground

szentély
temple

táj
landscape

levél
leaf

útjelző tábla
signpost

út
way

rét
meadow

kő
stone

túrázó
hiker

fa
tree

folyó
river

fű
grass

virág
flower

völgy
valley

domb
hill

tó
lake

erdő
forest

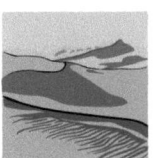

sivatag
desert

vulkán
volcano

kastély
castle

szivárvány
rainbow

gomba
mushroom

pálmafa
palm tree

szúnyog
mosquito

légy
fly

hangya
ant

méhecske
bee

pók
spider

bogár

beetle

béka

frog

mókus

squirrel

sündisznó

hedgehog

nyúl

hare

bagoly

owl

madár

bird

hattyú

swan

vaddisznó

boar

szarvas

deer

rénszarvas

moose

gát

dam

szélturbina

wind turbine

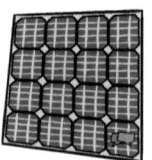

napelem

solar panel

éghajlat

climate

étterem

restaurant

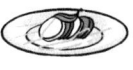

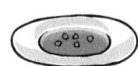

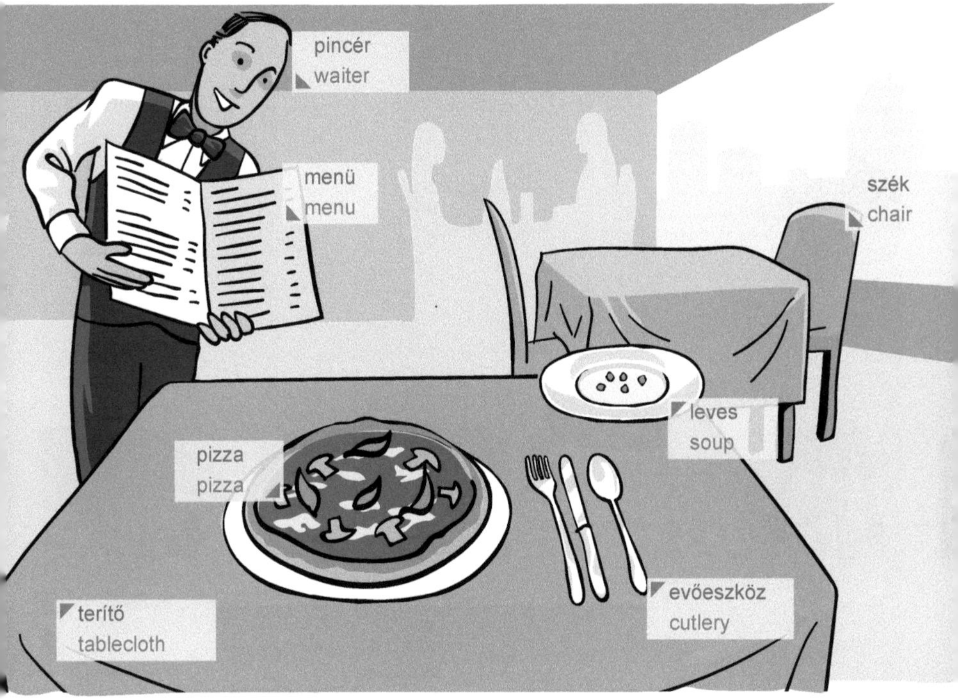
pincér
waiter
menü
menu
szék
chair
leves
soup
pizza
pizza
evőeszköz
cutlery
terítő
tablecloth

előétel

starter

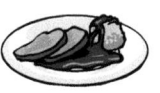

főétel

main course

desszert

dessert

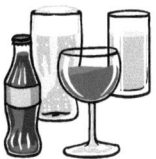

italok

drinks

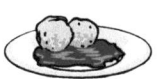

étel

food

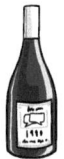

üveg

bottle

gyorsétel

fast food

gyorsétel

street food

teás kanna

teapot

cukortartó

sugar bowl

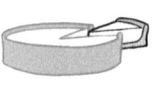

adag

portion

eszpresszógép

espresso machine

bárszék

high chair

számla

bill

tálca

tray

kés

knife

villa

fork

kanál

spoon

teáskanál

teaspoon

szalvéta

serviette

pohár

glass

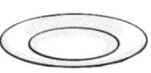

tányér

plate

leveses tányér

soup plate

csészealj

saucer

szósz

sauce

sószóró

salt pot

borsőrlő

pepper mill

ecet

vinegar

étkezési olaj

oil

fűszerek

spices

ketchup

ketchup

mustár

mustard

majonéz

mayonnaise

szupermarket
supermarket

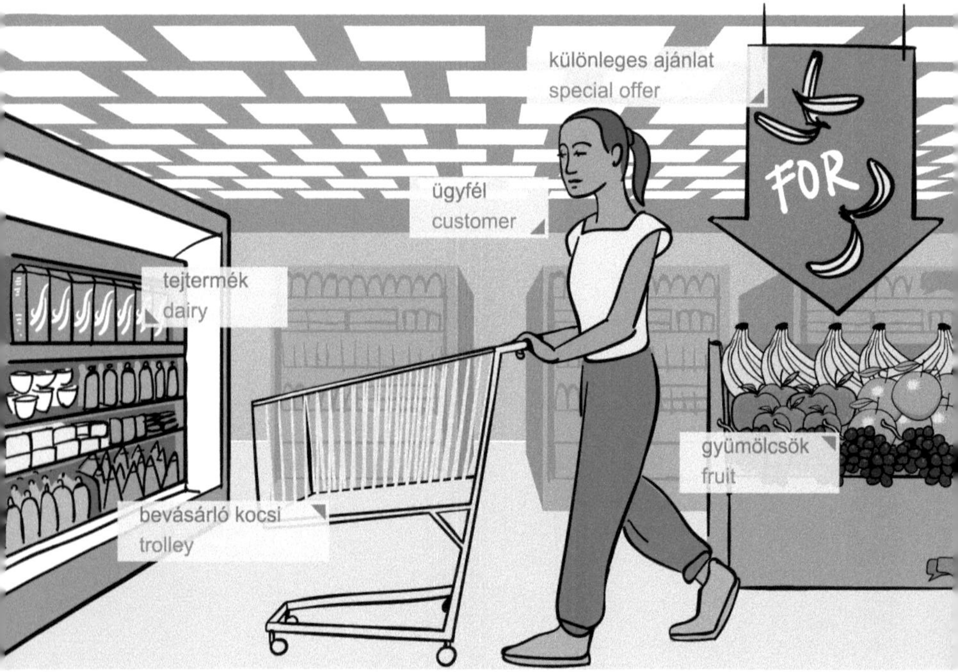

különleges ajánlat
special offer

ügyfél
customer

tejtermék
dairy

bevásárló kocsi
trolley

gyümölcsök
fruit

hentes

butcher's

pékség

baker's

nyom valamennyit

weigh

zöldség

vegetables

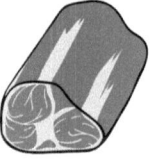

hús

meat

fagyasztott áru

frozen food

felvágott
cold meat

konzerv
tinned food

mosópor
washing powder

édességek
sweets

háztartási termék
household products

tisztítószerek
cleaning products

eladó
salesperson

pénztárgép
till

eladó
cashier

bevásárló lista
shopping list

nyitva tartás
opening hours

levéltárca
wallet

hitelkártya
credit card

zacskó
bag

műanyag zacskó
plastic bag

víz

water

gyümölcslé

juice

tej

milk

kóla

coke

bor

wine

sör

beer

alkohol

alcohol

kakaó

cocoa

tea

tea

kávé

coffee

eszpresszó

espresso

kapucsínó

cappuccino

banán

banana

alma

apple

narancs

orange

sárgadinnye

melon

citrom

lemon

sárgarépa

carrot

fokhagyma

garlic

bambusz

bamboo

hagyma

onion

gomba

mushroom

magvak

nuts

nokedli

noodles

spagetti

spaghetti

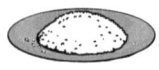

rizs

rice

saláta

salad

sült krumpli

chips

sült burgonya

fried potatoes

pizza

pizza

hamburger

hamburger

szendvics

sandwich

hússzelet

cutlet

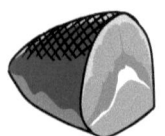

sonka

ham

szalámi

salami

kolbász

sausage

csirke

chicken

pecsenye

roast

hal

fish

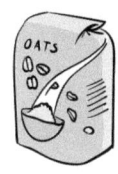

zabkása

porridge oats

müzli

muesli

kukoricapehely

cornflakes

liszt

flour

croissant

croissant

zsemle

bread roll

kenyér

bread

pirítós kenyér

toast

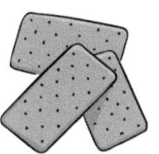

keksz

biscuits

vaj

butter

túró

curd

sütemény

cake

tojás

egg

tükörtojás

fried egg

sajt

cheese

jégkrém

ice cream

cukor

sugar

méz

honey

lekvár

jam

mogyorókrém

chocolate spread

curry

curry

étel - food

gazdálkodás
farm

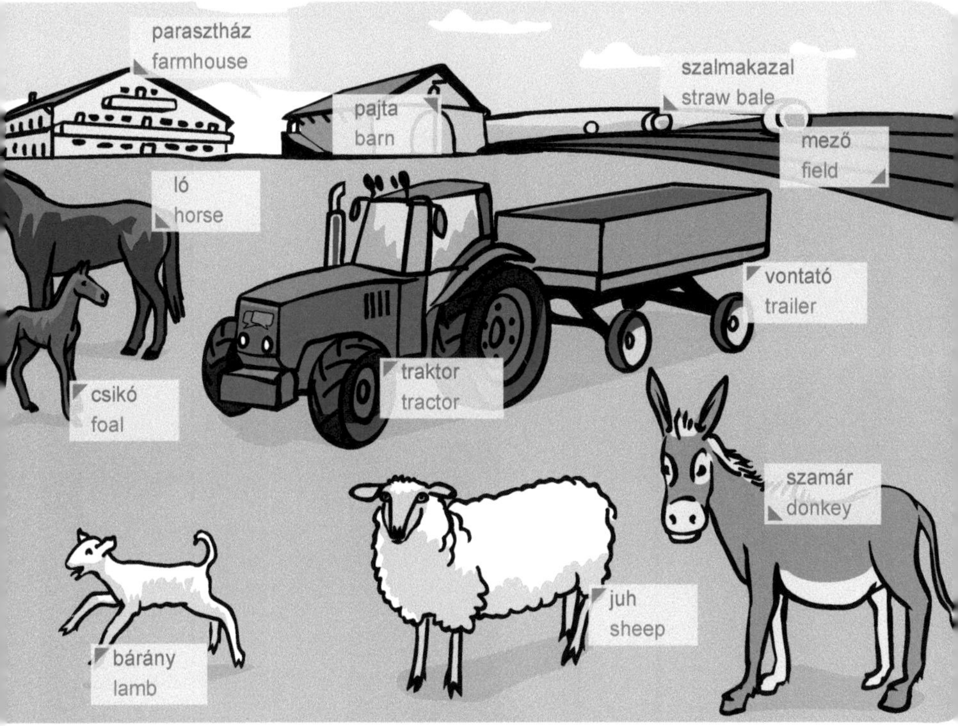
parasztház
farmhouse
pajta
barn
szalmakazal
straw bale
mező
field
ló
horse
vontató
trailer
traktor
tractor
csikó
foal
szamár
donkey
juh
sheep
bárány
lamb

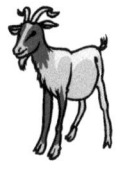

kecske

goat

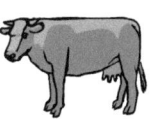

tehén

cow

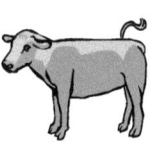

borjú

calf

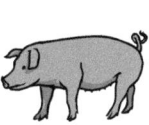

malac

pig

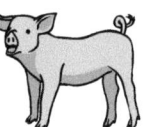

kismalac

piglet

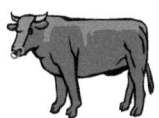

bika

bull

liba
goose

kacsa
duck

csibe
chick

tojó
hen

kakas
cock

patkány
rat

macska
cat

egér
mouse

ökör
ox

kutya
dog

kutyaház
doghouse

kerti öntözőcső
garden hose

öntözőkanna
watering can

kasza
scythe

eke
plough

sarló
sickle

kapa
hoe

vasvilla
pitchfork

fejsze
axe

talicska
wheelbarrow

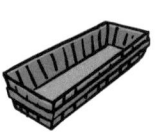

teknő
trough

tejes kancsó
milk can

zsák
sack

kerítés
fence

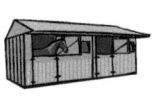

istálló
stable

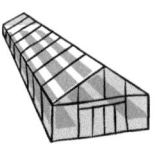

üvegház
greenhouse

talaj
soil

vetőmag
seed

trágya
fertilizer

cséplőgép
combine harvester

gazdálkodás - farm

szüretelni

harvest

betakarítás

harvest

yamgyökér

yams

búza

wheat

szója

soy

burgonya

potato

kukorica

corn

repcemag

rapeseed

gyümölcsfa

fruit tree

manióka

cassava

gabona

cereals

ház
house

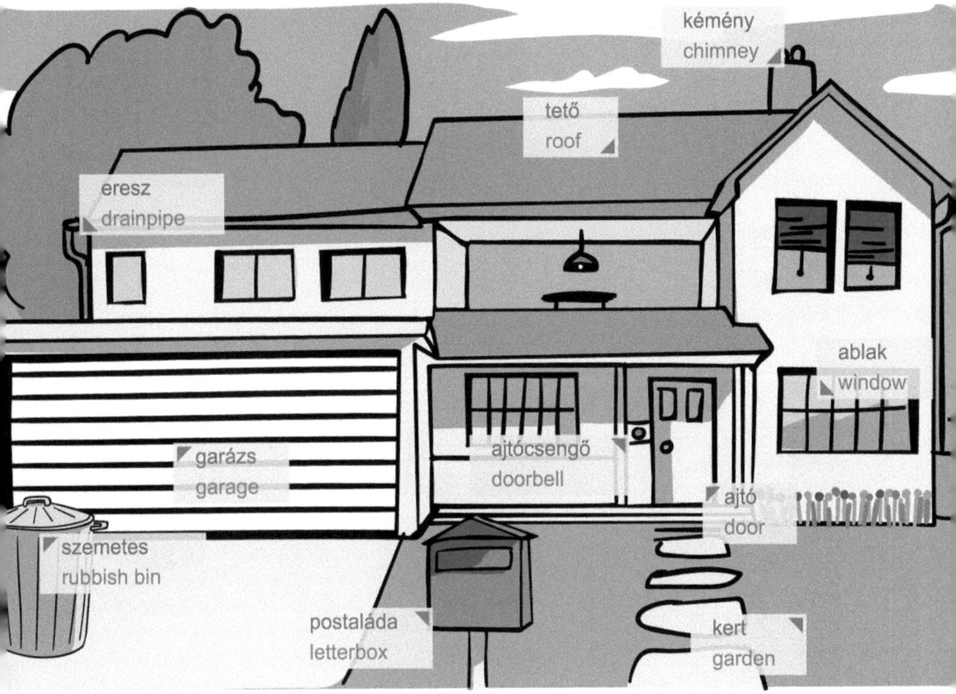

kémény
chimney

tető
roof

eresz
drainpipe

ablak
window

garázs
garage

ajtócsengő
doorbell

ajtó
door

szemetes
rubbish bin

postaláda
letterbox

kert
garden

nappali
living room

fürdőszoba
bathroom

konyha
kitchen

hálószoba
bedroom

gyerekszoba
child's room

ebédlő
dining room

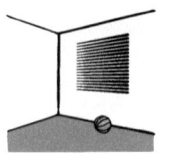

padló

floor

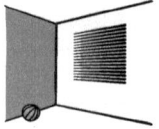

fal

wall

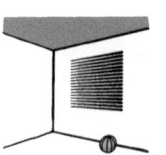

plafon

ceiling

pince

cellar

szauna

sauna

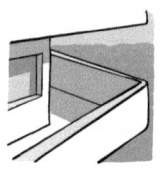

erkély

balcony

terasz

terrace

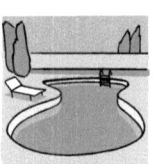

medence

pool

fűnyíró

lawn mower

lepedő

sheet

ágytakaró

bedspread

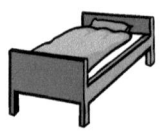

ágy

bed

seprű

broom

vödör

bucket

kapcsoló

switch

nappali
living room

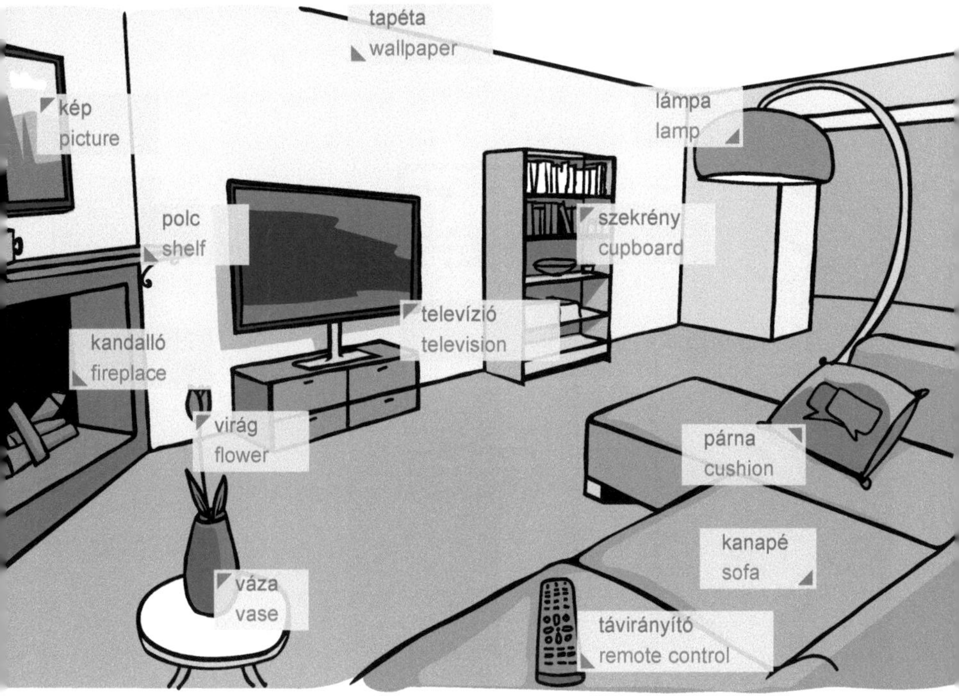
tapéta
wallpaper
kép
picture
lámpa
lamp
polc
shelf
szekrény
cupboard
televízió
television
kandalló
fireplace
virág
flower
párna
cushion
kanapé
sofa
váza
vase
távirányító
remote control

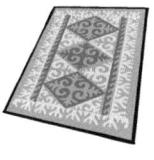

szőnyeg

carpet

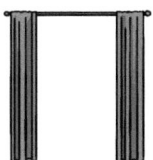

függöny

curtain

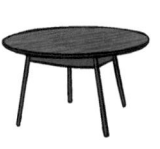

asztal

table

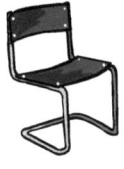

szék

chair

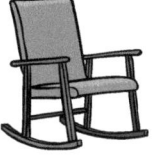

hintaszék

rocking chair

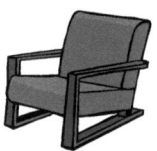

karosszék

armchair

könyv
book

takaró
blanket

dekoráció
decoration

tűzifa
firewood

film
film

hifi
hi-fi equipment

kulcs
key

újság
newspaper

festmény
painting

poszter
poster

rádió
radio

jegyzetfüzet
notepad

porszívó
hoover

kaktusz
cactus

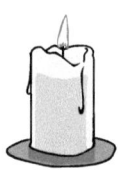

gyertya
candle

hűtőgép
fridge

mikrohullámú sütő
microwave oven

konyhai mérleg
kitchen scales

kenyérpirító
toaster

tisztítószer
detergent

gyasztó
eezer

tűzhely
oven

szemetes
rubbish bin

mosogatógép
dishwasher

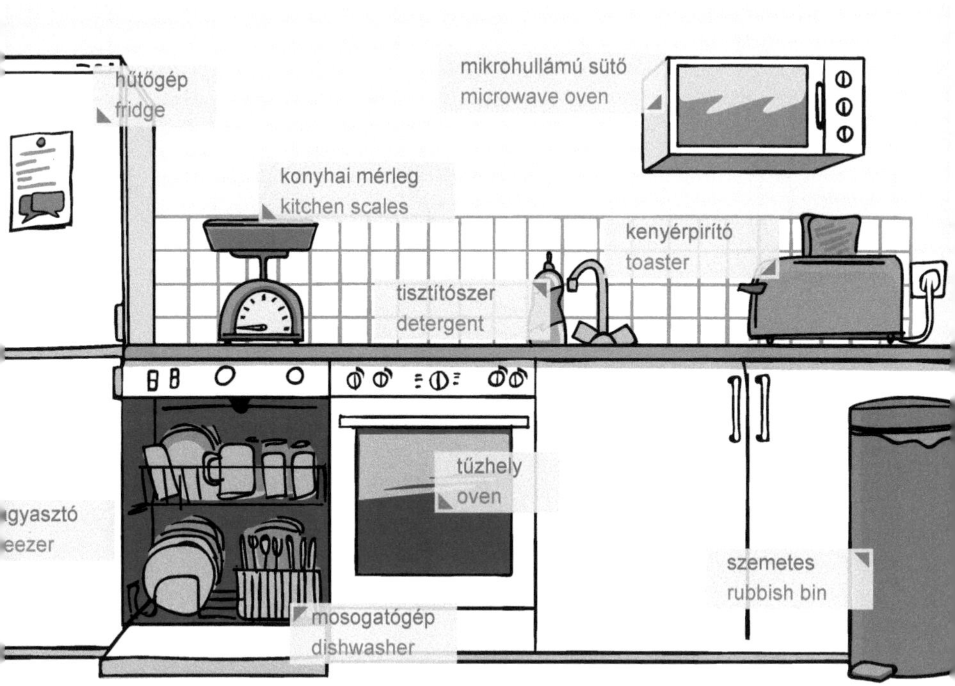

tűzhely
cooker

edény
pot

vasfazék
cast-iron pot

wok / kadai
wok / kadai

serpenyő
pan

vízforraló
kettle

pároló

steamer

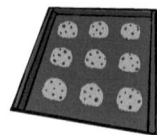

tepsi

baking tray

étkészlet

crockery

bögre

mug

tálka

bowl

evőpálcika

chopsticks

merőkanál

ladle

keverőlapátka

spatula

habverő

whisk

szűrő

strainer

szita

sieve

reszelő

grater

mozsár

mortar

grillsütő

barbecue

kandalló

open fire

vágódeszka

chopping board

sodrófa

rolling pin

dugóhúzó

corkscrew

doboz

can

konzervnyitó

can opener

edényfogó

pot holder

mosogató

sink

kefe

brush

szivacs

sponge

turmixgép

blender

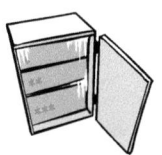

mélyhűtő

deep freezer

cumisüveg

baby bottle

csap

tap

fürdőszoba
bathroom

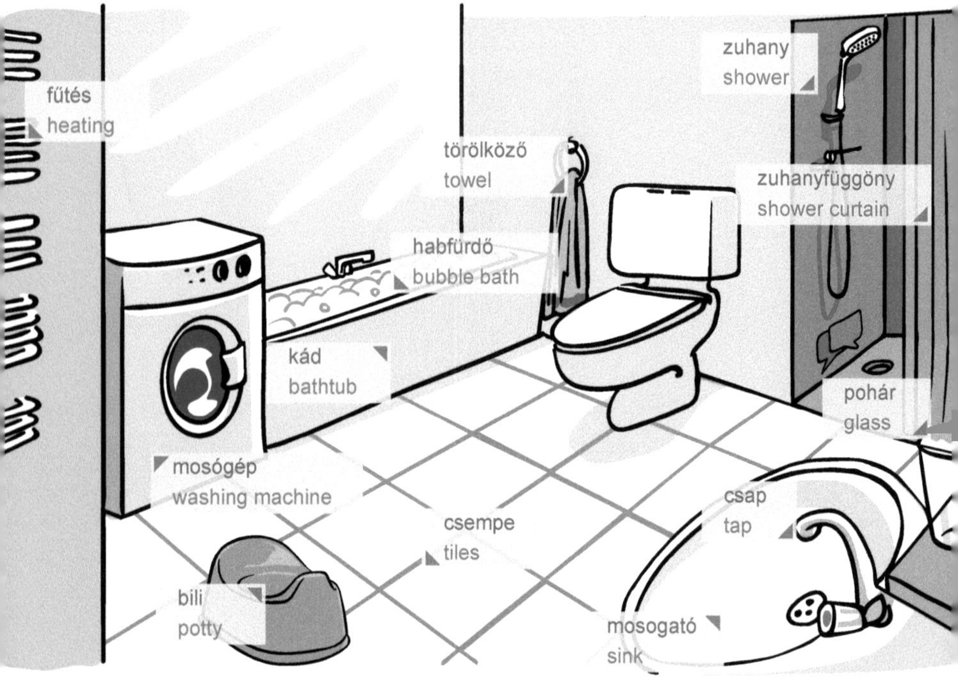

fűtés
heating
törölköző
towel
zuhany
shower
zuhanyfüggöny
shower curtain
habfürdő
bubble bath
kád
bathtub
pohár
glass
mosógép
washing machine
csap
tap
csempe
tiles
bili
potty
mosogató
sink

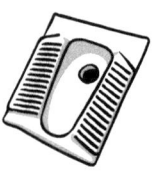

toalett

toilet

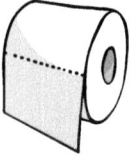

guggolós toalett

squat toilet

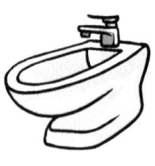

bidé

bidet

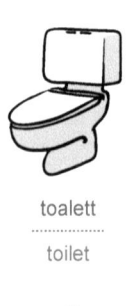

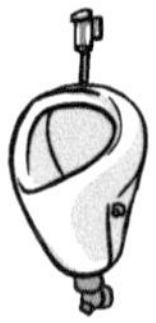

piszoár

urinal

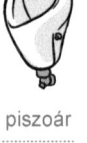

toalett papír

toilet paper

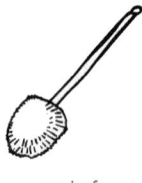

wc kefe

toilet brush

fogkefe
toothbrush

fogkrém
toothpaste

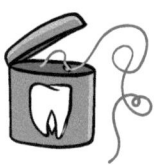

fogselyem
dental floss

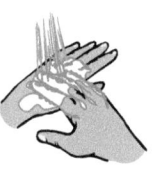

mosni
wash

kézi zuhany
handheld shower

intimzuhany
douche

mosdótál
basin

hátmosó kefe
back brush

szappan
soap

tusfürdő
shower gel

sampon
shampoo

mosdókesztyű
flannel

lefolyó
drain

krém
cream

dezodor
deodorant

tükör

mirror

kézitükör

hand mirror

borotva

razor

borotvahab

shaving foam

borotválkozás utáni
arcszesz

aftershave

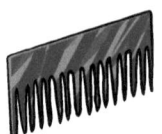

fésű

comb

hajkefe

brush

hajszárító

hair dryer

hajlakk

hairspray

smink

makeup

ajakrúzs

lipstick

körömlakk

nail varnish

vatta

cotton wool

körömvágó olló

nail scissors

parfüm

perfume

neszesszer
washbag

sámli
stool

mérleg
weighing scale

köntös
bathrobe

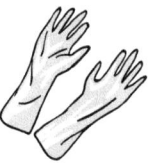

gumikesztyű
rubber gloves

tampon
tampon

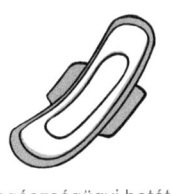

egészségügyi betét
sanitary towel

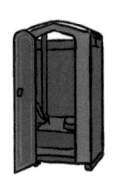

vegyi WC
chemical toilet

gyerekszoba
child's room

ébresztő óra
alarm clock
plüssállat
cuddly toy
játékautó
toy car
csörgő
rattle
babaház
doll's house
ajándék
present

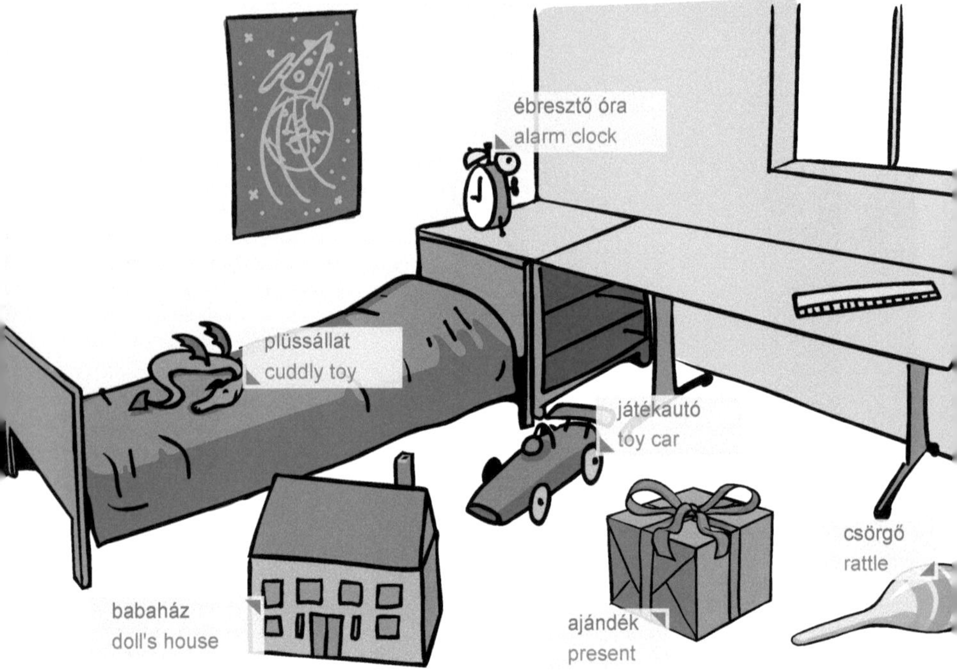

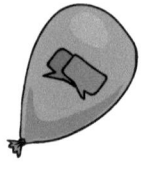

lufi

balloon

ágy

bed

babakocsi

pram

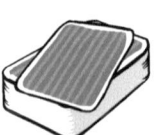

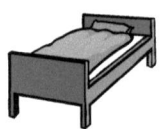

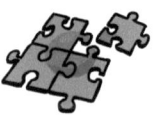

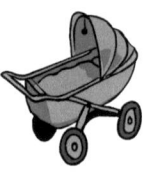

kártyapakli

deck of cards

kirakós játék

jigsaw

SUPER MEGA

képregény

comic

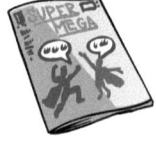

építőkockák

lego bricks

építőelem

building blocks

szuperhős

action figure

rugdalózó

babygrow

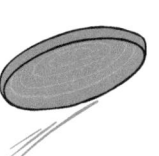

frizbi

frisbee

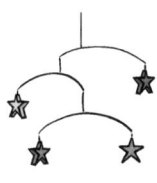

zenélő forgó

mobile

társasjáték

board game

kocka

dice

modellvasút

model train set

cumi

dummy

zsúr

party

képeskönyv

picture book

labda

ball

baba

doll

játszani

play

homokozó

sandpit

hinta

swing

játékok

toys

videójáték konzol

video game console

tricikli

tricycle

teddi maci

teddy bear

ruhásszekrény

wardrobe

ruházat
clothing

zokni

socks

harisnya

stockings

harisnyanadrág

tights

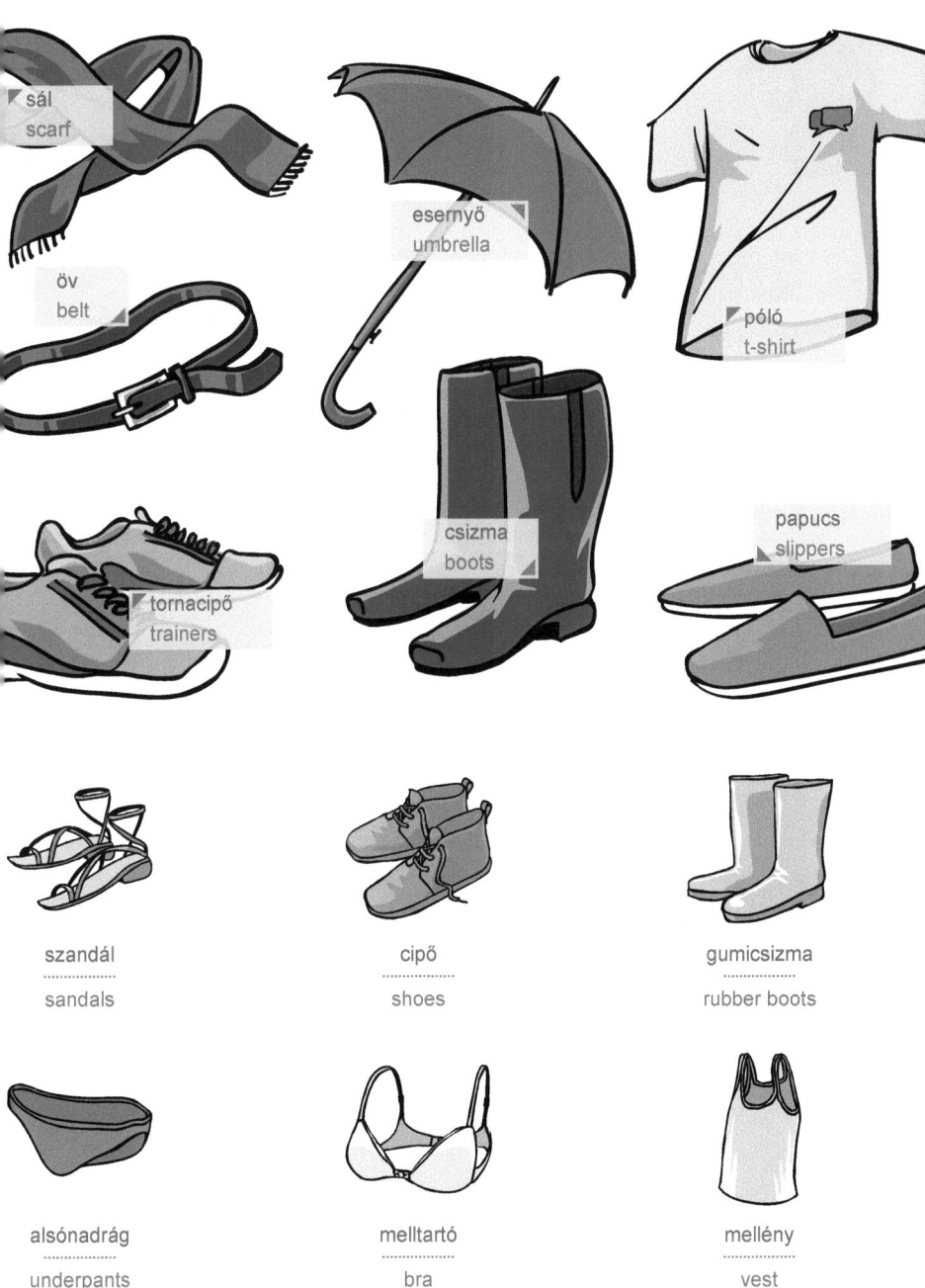

sál
scarf

esernyő
umbrella

póló
t-shirt

öv
belt

csizma
boots

papucs
slippers

tornacipő
trainers

szandál
....
sandals

cipő
....
shoes

gumicsizma
....
rubber boots

alsónadrág
....
underpants

melltartó
....
bra

mellény
....
vest

body
body

nadrág
trousers

farmer
jeans

szoknya
skirt

blúz
blouse

ing
shirt

pulóver
pullover

kapucnis pulóver
hoodie

blézer
blazer

dzseki
jacket

kabát
coat

esőkabát
raincoat

kosztüm
costume

ruha
dress

esküvői ruha
wedding dress

öltöny
suit

hálóing
nightgown

pizsama
pyjamas

szári
sari

fejkendő
headscarf

turbán
turban

burka
burqa

kaftán
kaftan

abaya
abaya

fürdőruha
swimsuit

fürdőnadrág
trunks

rövidnadrág
shorts

tréningruha
tracksuit

kötény
apron

kesztyű
gloves

ruházat - clothing

gomb

button

szemüveg

glasses

karkötő

bracelet

nyaklánc

necklace

gyűrű

ring

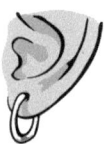

fülbevaló

earring

sapka

cap

vállfa

coat hanger

kalap

hat

nyakkendő

tie

cipzár

zip

bukósisak

helmet

nadrágtartó

braces

iskolai egyenruha

school uniform

egyenruha

uniform

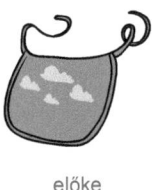

előke

bib

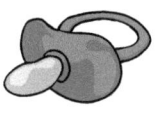

cumi

dummy

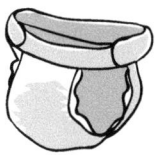

pelenka

nappy

iroda
office

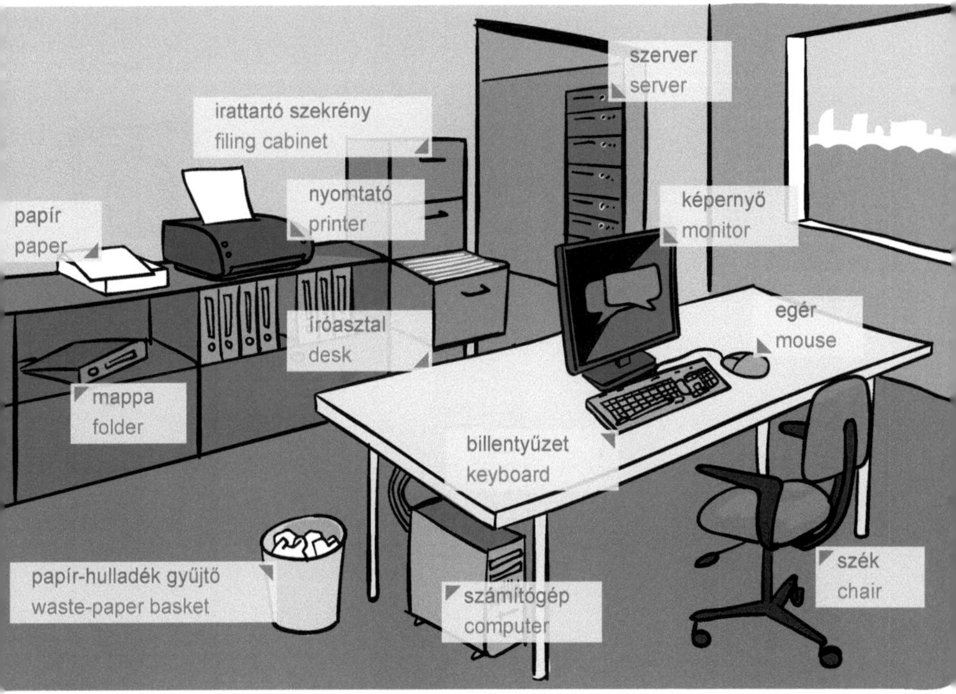
szerver
server
irattartó szekrény
filing cabinet
papír
paper
nyomtató
printer
képernyő
monitor
íróasztal
desk
egér
mouse
mappa
folder
billentyűzet
keyboard
papír-hulladék gyűjtő
waste-paper basket
szék
chair
számítógép
computer

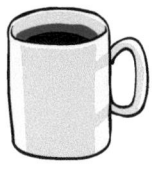

kávéscsésze

coffee mug

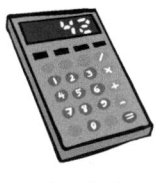

számológép

calculator

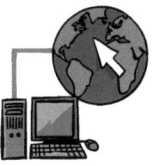

internet

internet

laptop

laptop

levél

letter

üzenet

message

mobiltelefon

mobile

hálózat

network

fénymásoló

photocopier

szoftver

software

telefon

telephone

konnektor

plug socket

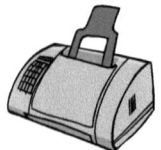

faxgép

fax machine

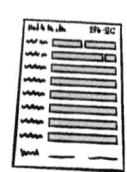

formanyomtatvány

form

dokumentum

document

venni
buy

fizetni
pay

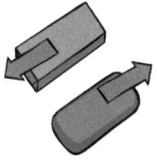

kereskedni
trade

pénz
money

USD

dollár
dollar

EUR

euró
euro

JPY

jen
yen

RUB

rubel
rouble

CHF

svájci frank
Swiss franc

CNY

kínai jüan
renminbi yuan

INR

rúpia
rupee

bankautomata
cashpoint

valutaváltó iroda

bureau de change

arany

gold

ezüst

silver

olaj

oil

energia

energy

ár

price

szerződés

contract

adó

tax

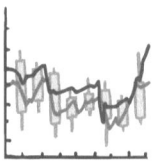

részvény

stock

dolgozni

work

munkavállaló

employee

munkaadó

employer

gyár

factory

üzlet

shop

foglalkozások
occupations

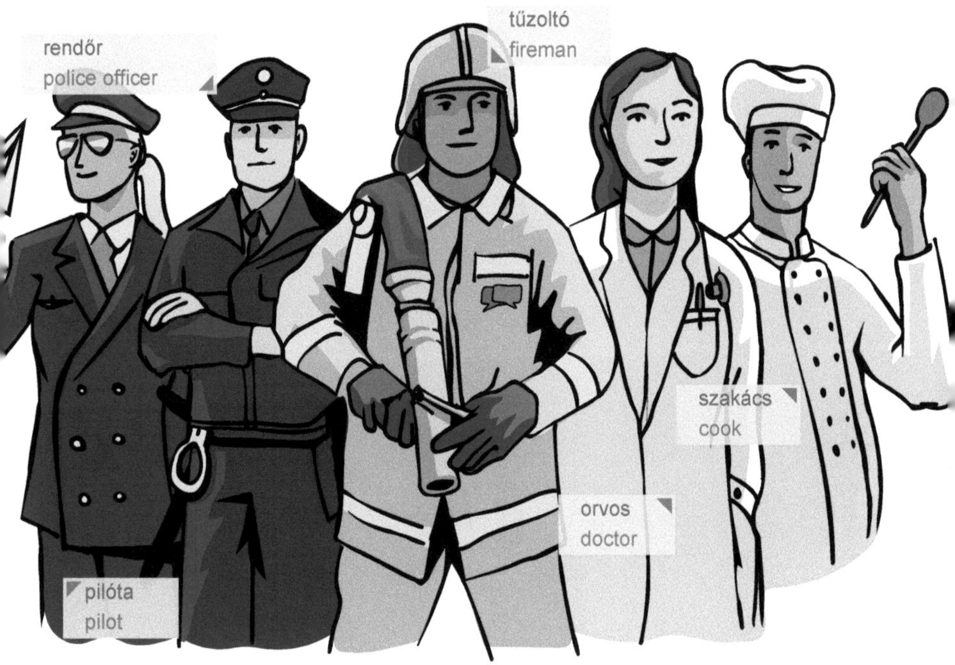

rendőr
police officer
tűzoltó
fireman
szakács
cook
orvos
doctor
pilóta
pilot

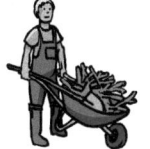

kertész

gardener

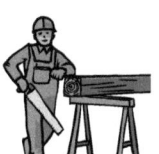

kárpitos

carpenter

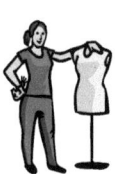

varrónő

seamstress

bíró

judge

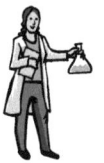

vegyész

chemist

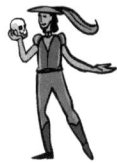

színész

actor

buszsofőr

bus driver

taxisofőr

taxi driver

halász

fisherman

bejárónő

cleaning lady

tetőfedő

roofer

pincér

waiter

vadász

hunter

festő

painter

pék

baker

villanyszerelő

electrician

építőmunkás

builder

mérnök

engineer

hentes

butcher

vízvezeték-szerelő

plumber

postás

postman

katona
soldier

építész
architect

eladó
cashier

virágos
florist

fodrász
hairdresser

kalauz
conductor

műszerész
mechanic

kapitány
captain

fogorvos
dentist

tudós
scientist

rabbi
rabbi

imám
imam

szerzetes
monk

lelkész
clergyman

szerszámok
tools

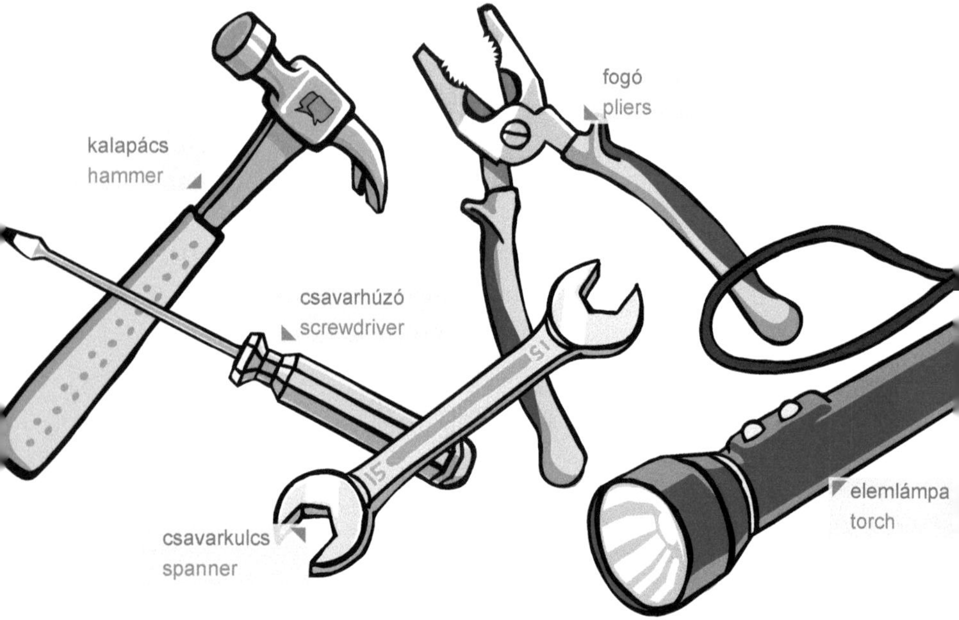

kalapács
hammer

fogó
pliers

csavarhúzó
screwdriver

csavarkulcs
spanner

elemlámpa
torch

markológép
digger

szerszámosláda
toolbox

vödör
ladder

fűrész
saw

szög
nails

fúrógép
drill

megjavítani

repair

lapát

shovel

A francba!

Damn!

szemétlapát

dustpan

festékesdoboz

paint pot

csavar

screws

hangszerek
musical instruments

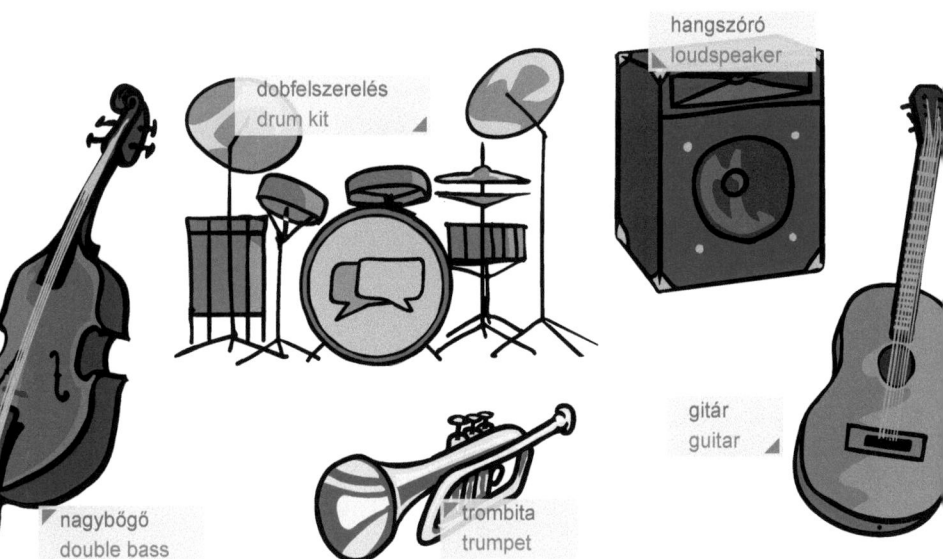

dobfelszerelés
drum kit

hangszóró
loudspeaker

nagybőgő
double bass

trombita
trumpet

gitár
guitar

zongora

piano

hegedű

violin

basszusgitár

bass

üstdob

timpani

dobok

drums

digitális zongora

keyboard

szaxofon

saxophone

fuvola

flute

mikrofon

microphone

állatkert

zoo

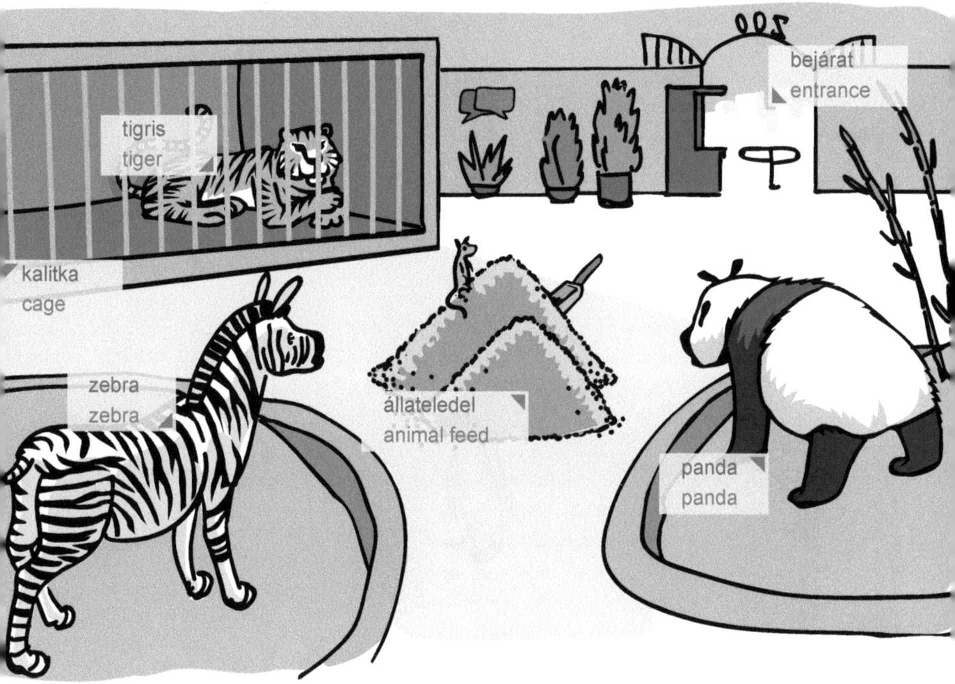

tigris
tiger
bejárat
entrance
kalitka
cage
zebra
zebra
állateledel
animal feed
panda
panda

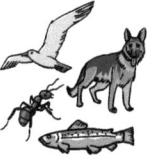

állatok

animals

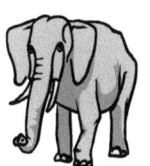

elefánt

elephant

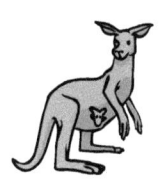

kenguru

kangaroo

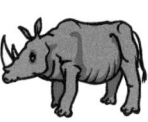

orrszarvú

rhino

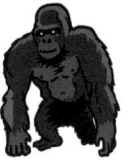

gorilla

gorilla

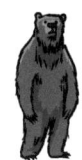

medve

bear

teve

camel

strucc

ostrich

oroszlán

lion

majom

monkey

flamingó

flamingo

papagáj

parrot

jegesmedve

polar bear

pingvin

penguin

cápa

shark

páva

peacock

kígyó

snake

krokodil

crocodile

állatgondozó

zookeeper

fóka

seal

jaguár

jaguar

állatkert - zoo

póniló
pony

leopárd
leopard

víziló
hippo

zsiráf
giraffe

sas
eagle

vaddisznó
boar

hal
fish

teknős
turtle

rozmár
walrus

róka
fox

gazella
gazelle

amerikai futball
American football

kerékpározás
cycling

tenisz
tennis

kosárlabda
basketball

úszás
swimming

boksz
boxing

jégkorong
ice hockey

futball
football

tollas
badminton

atlétika
athletics

kézilabda
handball

síelés
skiing

lovaspóló
polo

nevetni
laugh

ugrani
jump

ölelni
hug

sétálni
walk

énekelni
sing

álmodni
dream

dicsérni
pray

csókolni
kiss

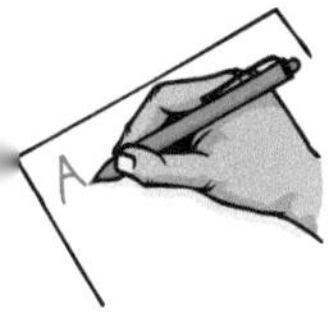

írni	rajzolni	mutatni
write	draw	show

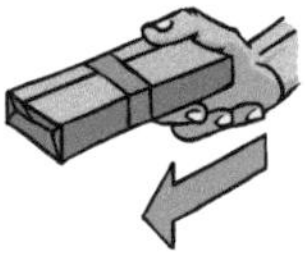

tolni	adni	vinni
push	give	take

birtokolni

have

csinálni

do

lenni

be

állni

stand

futni

run

húzni

pull

hajít

throw

esni

fall

hazudni

lie

várni

wait

vinni

carry

ülni

sit

felvenni

get dressed

aludni

sleep

felébredni

wake up

ránézni

look at

sírni

cry

simogat

stroke

fésülni

comb

beszélni

talk

megérteni

understand

kérdezni

ask

hallgatni

listen

inni

drink

enni

eat

takarítani

tidy up

szeretni

love

főzni

cook

vezetni

drive

szállni

fly

vitorlázni

sail

számol

calculate

olvasni

read

tanulni

learn

dolgozni

work

házasodni

marry

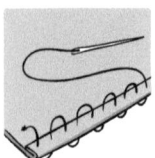

varrni

sew

fogat mosni

brush teeth

ölni

kill

dohányozni

smoke

küldeni

send

család

family

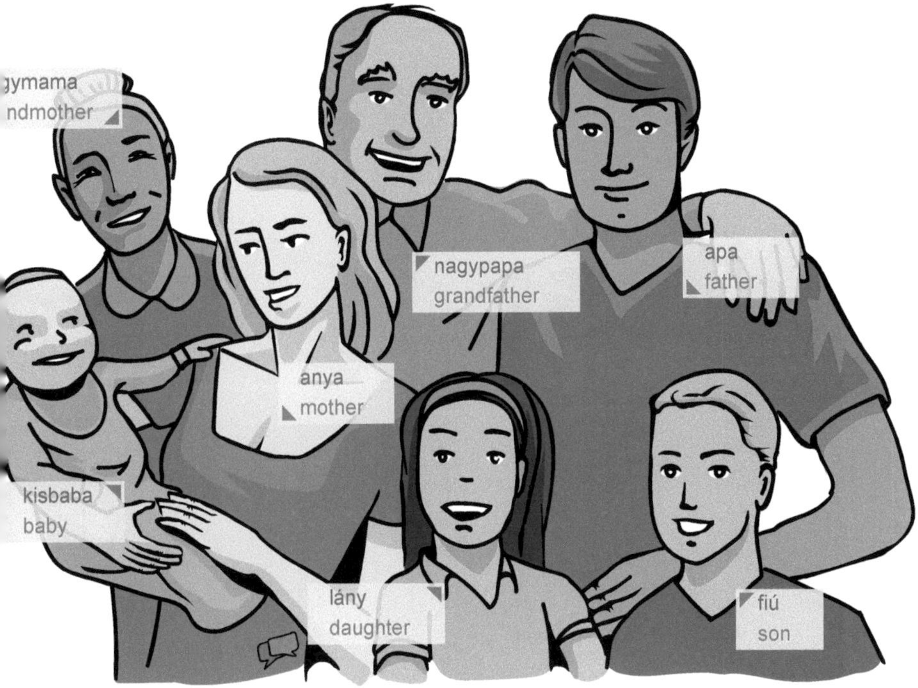

ymama
ndmother
nagypapa
grandfather
apa
father
anya
mother
kisbaba
baby
lány
daughter
fiú
son

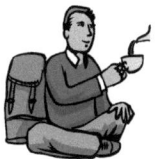

vendég

guest

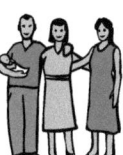

nagynéni

aunt

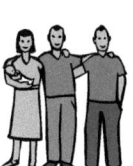

nagybácsi

uncle

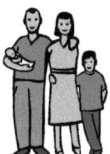

fiútestvér

brother

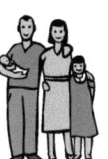

lánytestvér

sister

test

body

homlok
forehead
szem
eye
váll
shoulder
ujj
finger
arc
face
áll
chin
kéz
hand
láb
leg
mell
breast
kar
arm

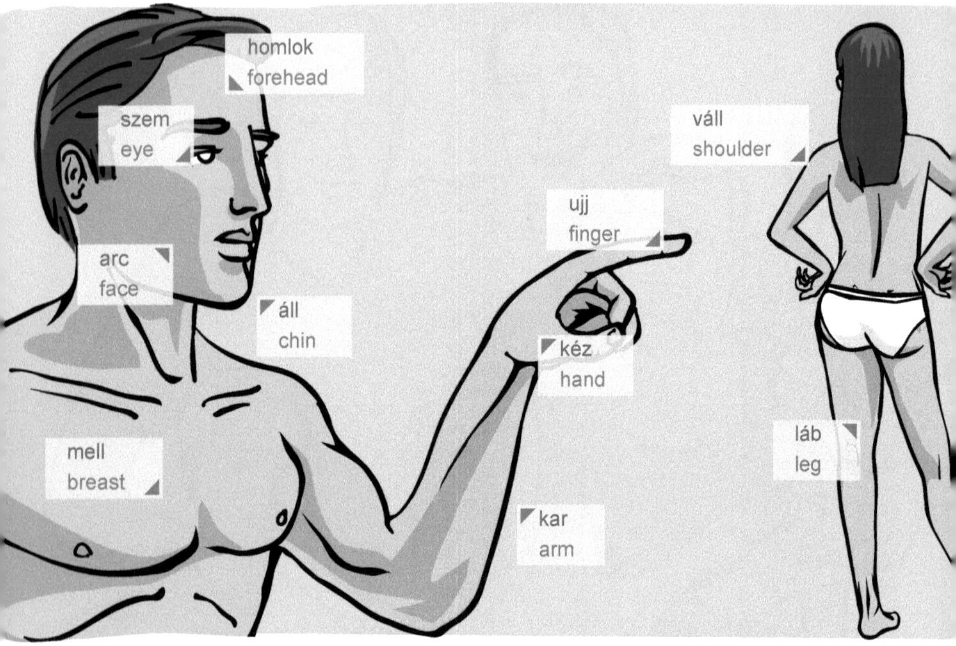

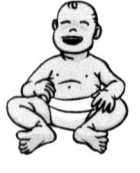

kisbaba

baby

ember

man

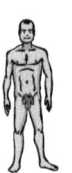

nő

woman

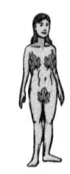

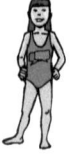

lány

girl

fiú

boy

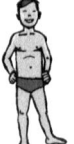

fej

head

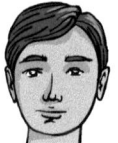

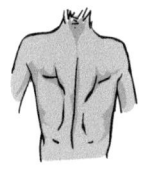

hát
back

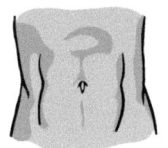

has
belly

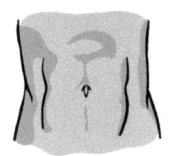

köldök
belly button

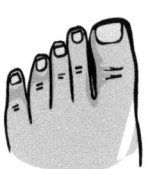

lábujj
toe

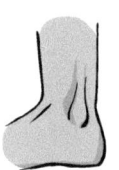

sarok
heel

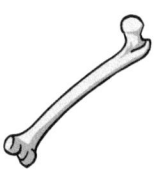

csont
bone

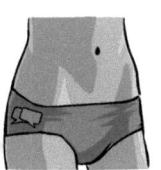

csípő
hip

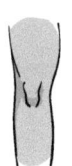

térd
knee

könyök
elbow

orr
nose

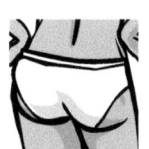

fenék
bottom

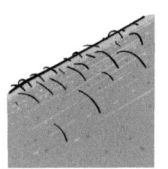

bőr
skin

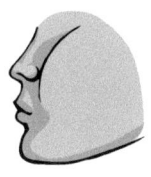

orca
cheek

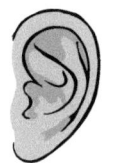

fül
ear

ajak
lip

száj

mouth

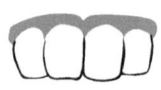

fog

tooth

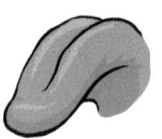

nyelv

tongue

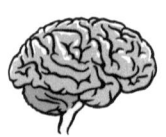

agy

brain

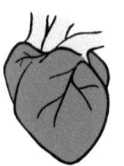

szív

heart

izom

muscle

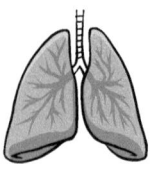

tüdö

lung

máj

liver

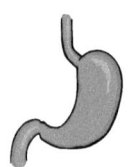

gyomor

stomach

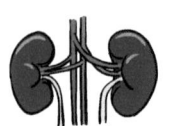

vese

kidneys

szex

sex

kondom

condom

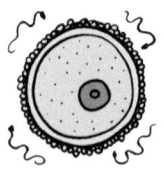

petesejt

ovum

sperma

semen

terhesség

pregnancy

test - body

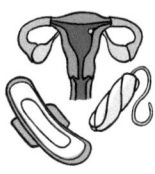

menstruáció
menstruation

vagina
vagina

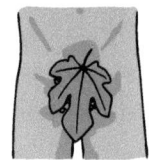

pénisz
penis

szemöldök
eyebrow

haj
hair

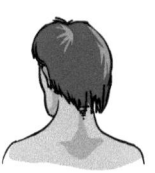

nyak
neck

kórház
hospital

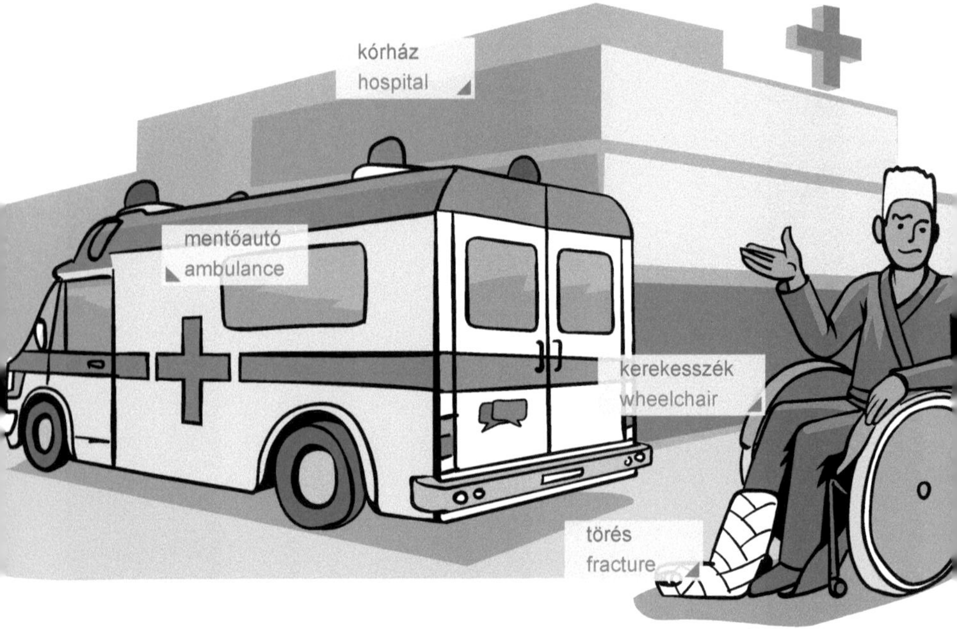

kórház
hospital
mentőautó
ambulance
kerekesszék
wheelchair
törés
fracture

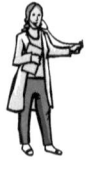

orvos

doctor

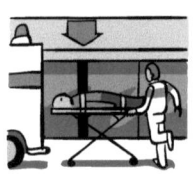

sürgősségi osztály

emergency room

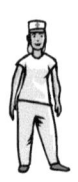

ápoló

nurse

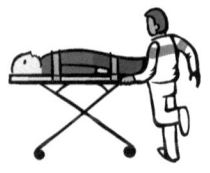

vészhelyzet

emergency

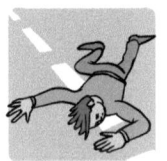

eszméletlen

unconscious

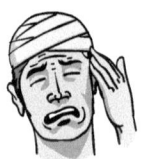

fájdalom

pain

sérülés

injury

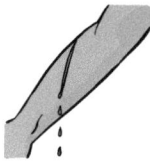

vérzés

bleeding

szívroham

heart attack

szélütés

stroke

allergia

allergy

köhögés

cough

láz

fever

influenza

flu

hasmenés

diarrhoea

fejfájás

headache

rák

cancer

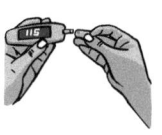

cukorbetegség

diabetes

sebész

surgeon

szike

scalpel

műtét

operation

kórház - hospital

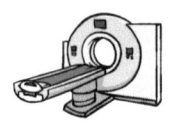

CT

CT

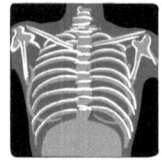

röntgen

x-ray

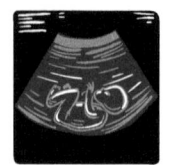

ultrahang

ultrasound

arcmaszk

face mask

betegség

disease

váróterem

waiting room

mankó

crutch

sebtapasz

plaster

kötszer

bandage

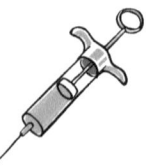

injekció

injection

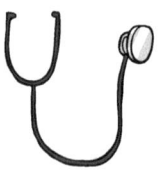

sztetoszkóp

stethoscope

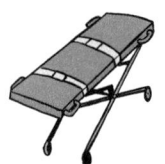

hordágy

stretcher

klinikai hőmérő

clinical thermometer

születés

birth

túlsúly

overweight

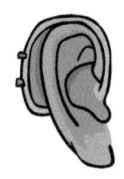

hallókészülék

hearing aid

fertőtlenítőszer

disinfectant

fertőzés

infection

vírus

virus

HIV/AIDS

HIV / AIDS

orvosság

medicine

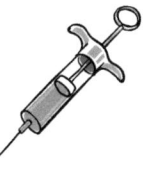

oltás

vaccination

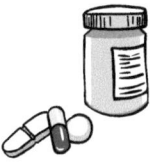

tabletták

tablets

tabletta

pill

sürgősségi hívás

emergency call

vérnyomásmérő

blood pressure monitor

betegség / egészség

ill / healthy

Segítség!

Help!

riasztás

alarm

rajtaütés

assault

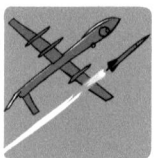

támadás

attack

veszély

danger

vészkijárat

emergency exit

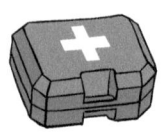

tűz!

Fire!

tűzoltókészülék

fire extinguisher

baleset

accident

elsősegélycsomag

first-aid kit

SOS

SOS

rendőrség

police

Európa

Europe

Észak-Amerika

North America

Dél-Amerika

South America

Afrika

Africa

Ázsia

Asia

Ausztrália

Australia

Atlanti-óceán

Atlantic

Csendes-óceán

Pacific

Indiai-óceán

Indian Ocean

Déli-óceán

Antarctic Ocean

Jeges-tenger

Arctic Ocean

Északi-sark

North Pole

Déli-sark
South Pole

Antarktisz
Antarctica

föld
Earth

szárazföld
land

tenger
sea

sziget
island

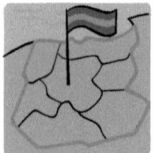

nemzet
nation

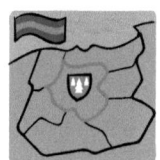

állam
state

óra

clock

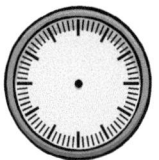

számlap

clock face

kismutató

hour hand

nagymutató

minute hand

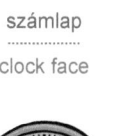

másodpercmutató

second hand

Mennyi az idő?

What time is it?

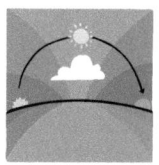

nap

day

idő

time

most

now

digitális óra

digital watch

perc

minute

óra

hour

óra - clock

79

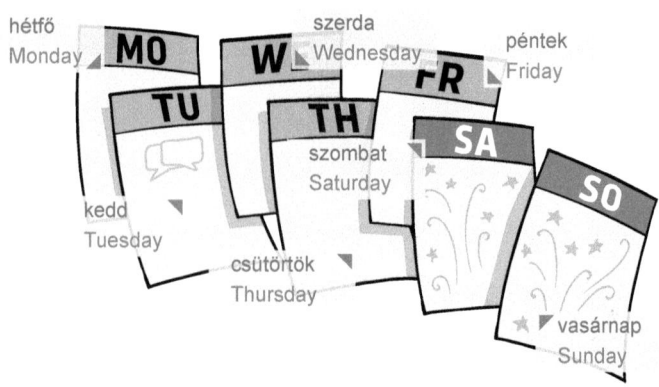

hétfő / Monday — MO
szerda / Wednesday — W
péntek / Friday — FR
TU
TH
szombat / Saturday — SA
kedd / Tuesday
csütörtök / Thursday
SO
vasárnap / Sunday

tegnap

yesterday

ma

today

holnap

tomorrow

reggel

morning

dél

noon

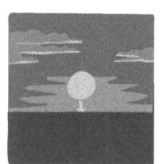

este

evening

MO	TU	WE	TH	FR	SA	SU
1	2	3	4	5	6	7
8	9	10	11	12	13	14
15	16	17	18	19	20	21
22	23	24	25	26	27	28
29	30	31	1	2	3	4

hétköznap

business days

MO	TU	WE	TH	FR	SA	SU
1	2	3	4	5	6	7
8	9	10	11	12	13	14
15	16	17	18	19	20	21
22	23	24	25	26	27	28
29	30	31	1	2	3	4

hétvége

weekend

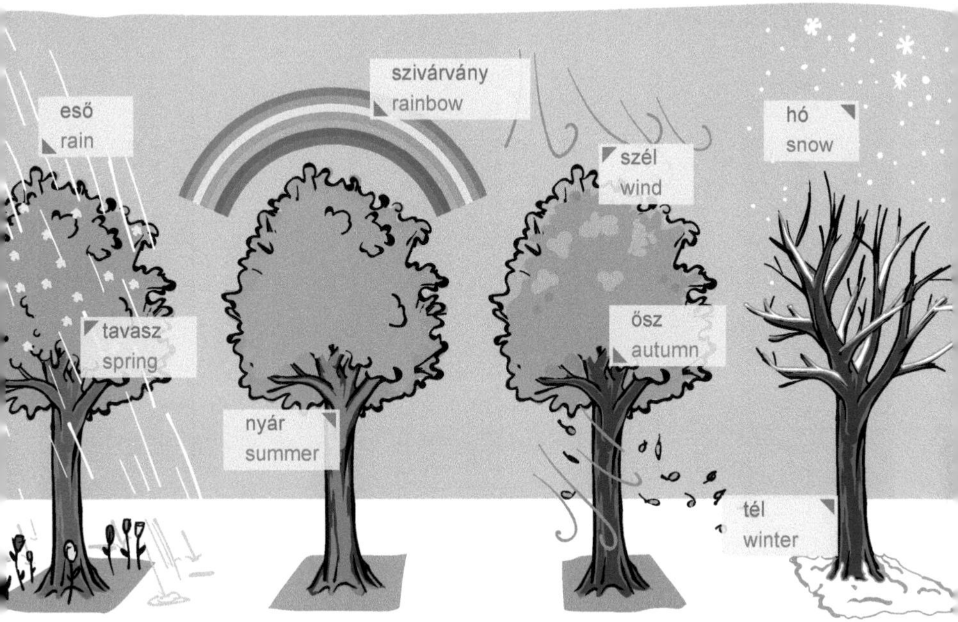

eső
rain

szivárvány
rainbow

szél
wind

hó
snow

tavasz
spring

ősz
autumn

nyár
summer

tél
winter

4.APRIL	11°	☀
5.APRIL	4°	☁
6.APRIL	13°	☂
7.APRIL	8°	❄
8.APRIL	10°	☀

időjárás előrejelzés

weather forecast

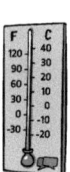

hőmérő

thermometer

napsütés

sunshine

felhő

cloud

köd

fog

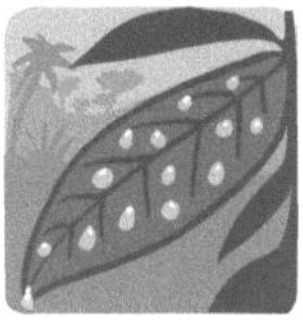

páratartalom

humidity

villámlás

lightning

mennydörgés

thunder

vihar

storm

jégeső

hail

monszun

monsoon

áradás

flood

jég

ice

január

January

február

February

március

March

április

April

május

May

június

June

július

July

augusztus

August

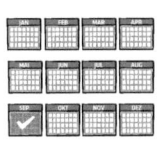

szeptember
....
September

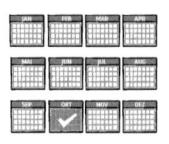

október
....
October

november
....
November

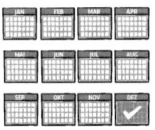

december
....
December

kör
....
circle

négyzet
....
square

téglalap
....
rectangle

háromszög
....
triangle

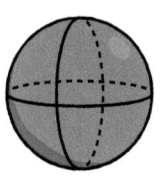

gömb
....
sphere

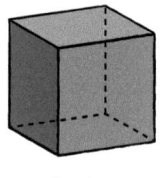

kocka
....
cube

fehér

white

sárga

yellow

narancs

orange

rózsaszín

pink

piros

red

lila

purple

kék

blue

zöld

green

barna

brown

szürke

grey

fekete

black

sok / kevés
a lot / a little

mérges / nyugodt
angry / calm

szép / csúnya
beautiful / ugly

kezdet / vég
beginning / end

nagy / kicsi
big / small

világos / sötét
bright / dark

fivér / nővér
brother / sister

tiszta / koszos
clean / dirty

teljes / nem teljes
complete / incomplete

nappal / éjszaka
day / night

halott / élő
dead / alive

széles / keskeny
wide / narrow

ehető / nem ehető

edible / inedible

gonosz / kedves

evil / kind

izgatott / unott

excited / bored

kövér / vékony

fat / thin

első / utolsó

first / last

barát / ellenség

friend / enemy

teli / üres

full / empty

kemény / puha

hard / soft

nehéz / könnyű

heavy / light

éhség / szomjúság

hunger / thirst

betegség / egészség

ill / healthy

illegális / legális

illegal / legal

intelligens / buta

intelligent / stupid

bal / jobb

left / right

közel / távol

near / far

új / használt
new / used

semmi / valami
nothing / something

idős / fiatal
old / young

be / ki
on / off

nyitva / zárva
open / closed

csendes / hangos
quiet / loud

gazdag / szegény
rich / poor

helyes / helytelen
right / wrong

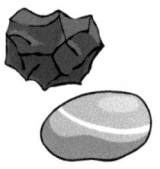
érdes / sima
rough / smooth

szomorú / vidám
sad / happy

rövid / hosszú
short / long

lassú / gyors
slow / fast

nedves / száraz
wet / dry

meleg / hideg
warm / cool

háború / béke
war / peace

0	**1**	**2**
nulla	egy	kettő
zero	one	two

3	**4**	**5**
három	négy	öt
three	four	five

6	**7**	**8**
hat	hét	nyolc
six	seven	eight

9	**10**	**11**
kilenc	tíz	tizenegy
nine	ten	eleven

12

tizenkettő

twelve

13

tizenhárom

thirteen

14

tizennégy

fourteen

15

tizenöt

fifteen

16

tizenhat

sixteen

17

tizenhét

seventeen

18

tizennyolc

eighteen

19

tizenkilenc

nineteen

20

húsz

twenty

100

száz

hundred

1.000

ezer

thousand

1.000.000

millió

million

angol

English

amerikai angol

American English

mandarin kínai

Chinese Mandarin

hindi

Hindi

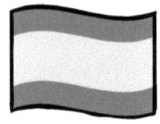

spanyol

Spanish

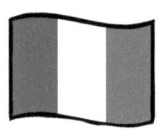

francia

French

arab

Arabic

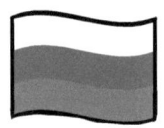

orosz

Russian

portugál

Portuguese

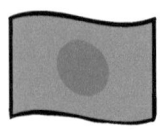

bengáli

Bengali

német

German

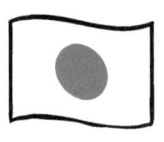

japán

Japanese

én

I

te

you

ő

he / she / it

mi

we

ti

you

ők

they

ki?

who?

mi?

what?

hogyan?

how?

hol?

where?

mikor?

when?

név

name

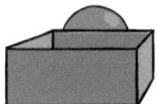

mögött

behind

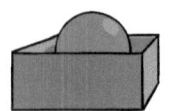

benne

in

elötte

in front of

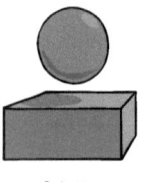

felette

over

rajta

on

alatta

under

mellett

beside

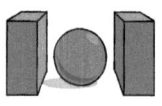

között

between

hely

place